PHO

Calvin Klein
Calvin Klein

Calvin Klein
CALVIN KLEIN JEANS

NEO
adidas

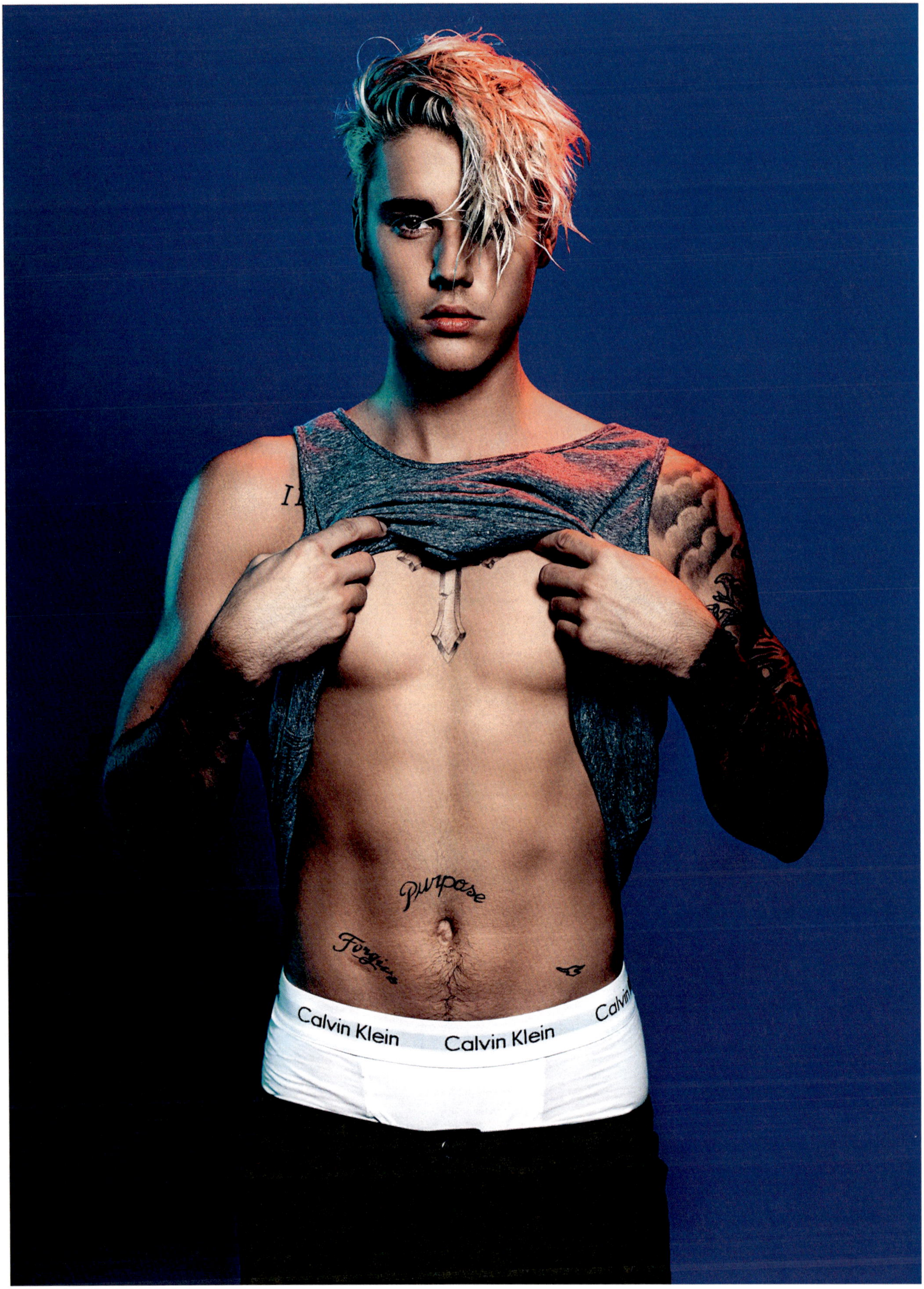
Purpose
Calvin Klein
Calvin Klein

Balenciaga
BALENCIAGA
BALENCIAGA
BALENCIAGA
BALENCIAGA
BALENCIAGA

balenciaga

Made in United States
North Haven, CT
10 June 2025

69687895R00024